les éditions de sa

Bijoux Fleurs en pâte polymère

Kerrozen

Secrets de Blogueuses

Sommaire

La pâte polymère est fascinante. D'abord complexe à travailler, elle devient, avec un peu de persévérance, un matériau agréable, source d'une infinité de créations. Dans cet ouvrage, je vous propose de réaliser vos propres bijoux, inspirés des fleurs de mon jardin, comme des cadeaux de notre Mère Nature au fil des saisons. Vous découvrirez plusieurs techniques, classées par niveau de difficulté, afin de satisfaire les amateurs comme les professionnels. À partir de mes explications, n'hésitez pas à utiliser vos couleurs favorites, vos perles préférées ou vos bijoux de prédilection.

Kerrozen
http://kerrozenn40.canalblog.com

Dédicace

Je dédie ce livre à mon père, amoureux des fleurs, qui m'a donné le joli prénom de Rozenn, « rose » en breton.

La **calla**

Souvent appelée « arum des fleuristes », la calla est une fleur élégante que l'on trouve souvent dans les bouquets… ou en boucles d'oreilles !

Explications P. 30

L'edelweiss et sa variante

L'edelweiss incarne à lui seul toute la beauté des Alpes. On le reconnaît facilement à ses pétales duveteux et sa forme en étoile. Facile à réaliser en pâte polymère, il se décline pour représenter une simple fleur commune.

Explications P. 31

La fleur de **glycine**

Les glycines sont de magnifiques plantes grimpantes ; elles peuvent pousser très rapidement et procurent une ombre rafraîchissante. Cette petite fleur s'en inspire pour devenir un charmant pendentif.

Explications P. 32

Le **fuchsia**

Bien que très petits, les fuchsias sont remarquables par leur couleur vive.
Cette interprétation en pâte polymère réveillera les tenues trop sobres.

Explications P. 33

La fleur de **lilas**

Les grappes de lilas révèlent leur doux parfum dès les premiers jours du printemps. Cette petite fleur de lilas agrémentera joliment votre bracelet.

Explications P. 34

Le **myosotis**

Dans de nombreuses langues, le myosotis est appelé « Ne m'oubliez pas ». Après avoir admiré votre parure, vous êtes certaine que personne ne vous oubliera !

Explications P. 36

La **renoncule**

Cette variété de renoncule est très décorative et se décline en plusieurs couleurs. Mise en valeur sur un sautoir bronze, cette fleur est particulièrement ravissante.

Explications P. 37

La fleur de **tiaré**

La fleur des îles ! Elle entre dans la composition du monoï pour ses vertus apaisantes. Posée sur un peigne ou montée en boucles d'oreilles, elle mettra en valeur les chevelures sombres.

Explications P. 38

Les **marguerites** et leur variante **tournesol**

Cette fleur apporte toujours une note sympathique dans un jardin.
Vous trouverez ici 3 méthodes différentes pour les réaliser en pâte polymère, ainsi qu'une astuce pour créer des tournesols !

Explications P. 39

La **rose ronde** et sa variante pointue

Elle est la reine des fleurs ! Ici, elle se décline en version ronde ou pointue, et en de nombreuses couleurs. Elle pare 7 bijoux que vous pouvez porter séparément ou en parure.

Explications P. 42

Le **bouton** de **rose**

Un bouton de rose, c'est la magnificence sur le point d'éclore. Portez cette promesse autour de votre cou…

Explications P. 44

Le **dahlia**

C'est l'une des fleurs qui comporte le plus de variétés. Celle qui ornera ce serre-tête restera sans doute la plus originale !

Explications P. 46

La fleur d'**hortensia**

Les fleurs d'hortensia forment de grandes boules allant du rose au bleu selon les variétés et les soins qui leur sont apportés. Celles-ci embelliront discrètement un revers de veste et un petit haut.

Explications P. 47

La **pensée**

Cousines des violettes, les pensées attirent les papillons… et ornent à ravir les porte-clefs !

Explications P. 48

La fleur de **frangipanier** et sa variante

Le frangipanier donne des fleurs au cœur jaune et aux pétales blancs, roses ou même violets ! Déclinez ces variantes pour réaliser des bijoux raffinés.

Explications P. 50

Les **orchidées** et leur variante

Les orchidées sont des fleurs délicates qui demandent beaucoup de soin. Avec de la pâte polymère, il est possible de les faire pousser de différentes façons et de les déposer sur un foulard ou un collier.

Explications P. 52

La fleur de **cerisier**

La floraison des cerisiers est un spectacle ravissant.
Portées en boucles d'oreilles, ces fleurs le sont tout autant.

Explications P. 56

Le **coquelicot**

Impossible de cueillir un coquelicot sans le voir se faner aussitôt. Modelé en pâte polymère, il restera toujours en fleur.

Explications P. 58

L'hibiscus

Du blanc pur au violet profond, l'hibiscus est une fleur majestueuse. À peine rehaussé de perles, il habillera à merveille une robe décolletée.

Explications P. 60

Le nénuphar

Le nénuphar s'épanouit sur l'eau. Sa confection en pâte polymère exige du doigté mais mérite tous les efforts qu'elle demande.

Explications P. 61

Pas à pas

Matériel et fournitures

Matériel et fournitures

- Pâte polymère
- Plan de travail lisse et propre (carreau de céramique ou plaque de verre)
- Machine à pâte polymère ou rouleau
- Outils de modelage : ébauchoir, brunissoir, aiguille à bout rond (comme une fine aiguille à tricoter ou cure-dent
- Aiguille fine pour percer les perles
- Cutter de précision à lame fine et inoxydable
- Emporte-pièces
- Papier sulfurisé
- Four réservé uniquement à la cuisson de la pâte polymère
- Papier de verre à grain très fin
- Pastels secs
- Peinture acrylique ou gouache
- Vernis
- Pinceaux
- Lingettes ou mouchoirs en papier
- Perles, séparateurs, breloques, etc.
- Apprêts de bijouterie : clous, anneaux, chaînettes, etc.
- Fil d'aluminium, fil câblé, lacet, ruban, etc.
- Colle à bijoux, colle textile, pistolet à colle
- Pinces à bijoux (plate, coupante, ronde)

La pâte polymère et son utilisation

La pâte polymère est utilisée pour la fabrication de petits objets de décoration, de perles ou de figurines. Elle se travaille comme de la pâte à modeler et durcit par un phénomène de polymérisation lors de la cuisson. Il existe plusieurs fabricants et chaque pâte polymère a ses particularités : il suffit de suivre les instructions notées sur l'emballage pour respecter les températures et les temps de cuisson.

Attention

- La pâte polymère n'est pas comestible et n'est pas un jouet. Elle doit donc être tenue hors de la portée des enfants de moins de 7 ans.
- Conformez-vous toujours aux instructions de chaque fournisseur.
- Lavez soigneusement vos mains avant et après utilisation.
- Évitez le contact avec la bouche et les yeux.
- Utilisez des gants pour éviter les traces de doigts.
- N'employez que du matériel qui servira exclusivement à cet usage (machine à pâte, rouleau, four, etc.)
- Pour que les créations en pâte polymère conservent leur couleur et leur éclat, ne pas les mettre en contact avec des produits cosmétiques ou de l'alcool (parfum, dissolvant, détergent, etc.) et éviter leur immersion prolongée dans l'eau de mer ou l'eau chlorée.

Astuce concernant les coloris

Plusieurs modèles de ce livre proposent de réaliser des pétales aux couleurs dégradées à l'aide de poudre de pastels secs. Les personnes expérimentées dans l'utilisation de la pâte polymère pourront choisir de réaliser directement de la pâte dégradée.

1- Pour cela, accolez 2 triangles de pâte.

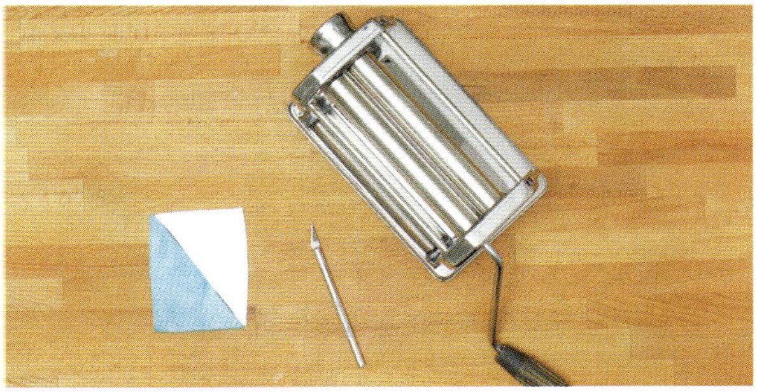

2- Passez-les dans la machine à pâte.

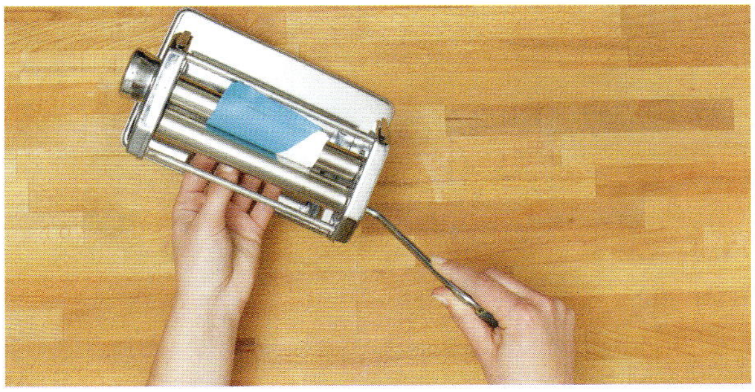

3- Recommencez plusieurs fois en pliant la feuille entre chaque passage.

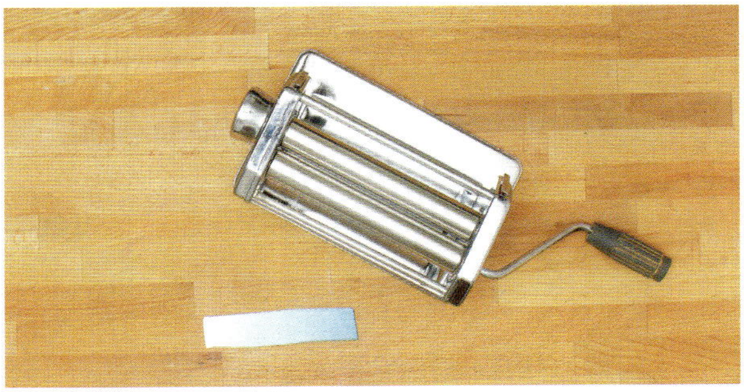

Niveaux de difficulté des fleurs

✿ facile

✿✿ intermédiaire

✿✿✿ avancé

La **feuille**

Note : cette technique n'est pas utilisée dans cet ouvrage pour créer un bijou. Elle pourra cependant vous servir pour vos propres réalisations.

Fournitures

★ Pâte polymère verte
★ Pastel sec vert

Difficulté ✿

La feuille

1- Étalez la pâte à l'aide d'un rouleau ou d'une machine à pâte. Découpez 1 feuille avec un cutter et tracez la nervure centrale avec un outil fin.

2- Tracez les nervures secondaires avec l'outil fin.

3- Grattez le pastel sec pour obtenir du pigment et déposez-le sur la feuille à l'aide d'un pinceau. Faites cuire la pièce selon les instructions du fabricant.

La **calla**

Photo P. 4

Fournitures

La fleur

★ Pâte polymère : blanche, jaune
★ Emporte-pièce rond de 3,5 cm de diamètre
★ Vernis brillant (facultatif)

Les boucles d'oreilles

★ 2 calottes argentées en filigrane
★ 2 pitons à vis argentés
★ 2 supports de boucles d'oreilles

Difficulté ✿

La fleur

1- Étalez de la pâte blanche à l'aide d'un rouleau ou d'une machine à pâte. Découpez 1 rond à l'emporte-pièce. Aplatissez légèrement les bords.

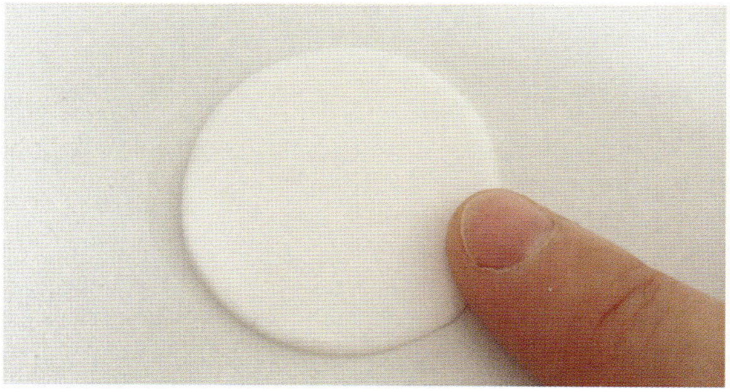

2- Pour le pistil, modelez 1 fin rondin de pâte jaune.

3- À l'aide de ciseaux fins et pointus, marquez des crans sur les 2/3 du rondin, pour imiter un aspect d'épi de blé. Faites-le cuire au four pour le rendre plus rigide et donc plus facile à manipuler.

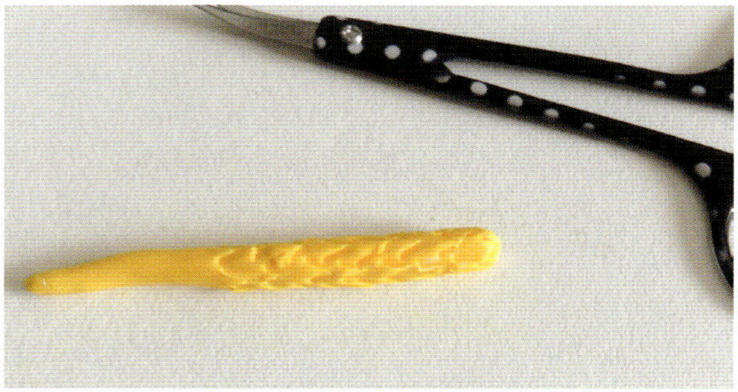

4- Étirez légèrement le rond de pâte blanche. Enroulez-le autour du pistil jaune en écartant les bords.

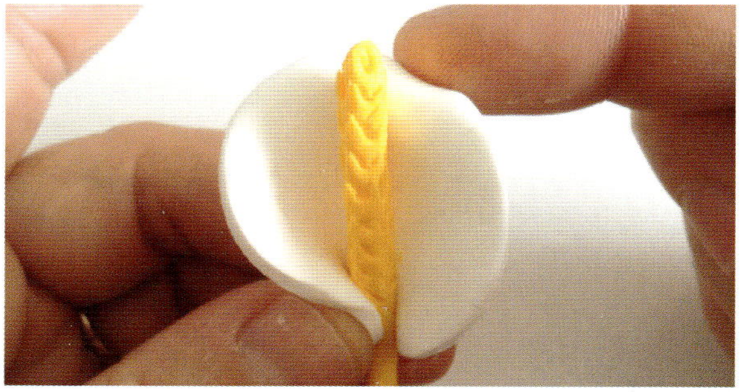

5- Pincez le bord de la fleur au niveau du pistil. Faites cuire au four selon les instructions du fabricant et, si vous le souhaitez, vernissez la fleur.

Les boucles d'oreilles

Préparez 2 callas. Insérez l'extrémité des fleurs dans les calottes, vissez les pitons dans les callas à travers les calottes. Fixez les supports de boucles d'oreilles.

L'**edelweiss** et sa variante

Photo P. 5

Fournitures

Les fleurs

★ Pâte polymère : blanche, jaune, rose
★ Emporte-pièce en forme de pétale de 1 x 2 cm
★ Vernis brillant (facultatif)

La broche

★ Support de broche argenté
★ 8 cm de ruban vichy rose de 7 mm de large

Difficulté ✿

La fleur

1- Étalez de la pâte blanche à l'aide d'un rouleau ou d'une machine à pâte. Découpez 6 pétales à l'emporte-pièce.

2- Modelez chaque pétale en pinçant l'extrémité pointue et en rabattant les bords de l'extrémité ronde.

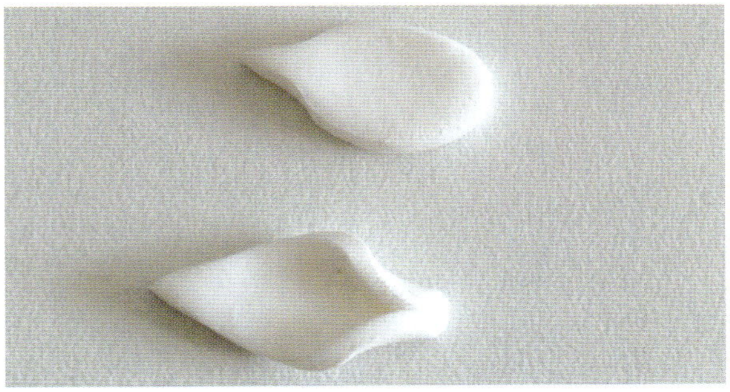

3- Formez 1 petite boule de pâte blanche et assemblez les parties creuses des pétales dessus.

4- Modelez 1 petite boule et 4 petites billes de pâte jaune, puis placez-les au centre de la fleur. Dessinez la nervure de chaque pétale avec un cure-dent. Faites cuire au four selon les instructions du fabricant et, si vous le souhaitez, vernissez la fleur.

La variante : fleur rose

Reprenez les étapes ci-dessus en remplaçant le cœur jaune par 1 boule rose.

La broche

Réalisez 1 fleur rose. Coupez le ruban en 2 et recoupez 1 extrémité de chaque morceau en biais. Collez les extrémités droites des rubans sur le support de broche et superposez la fleur.

La fleur de **glycine**

Photo P. 6

Fournitures

La fleur

★ Pâte polymère mauve
★ Emporte-pièce rond de 3,5 cm de diamètre
★ Vernis brillant (facultatif)

Le collier

★ 2 perles à facettes roses de 5 mm de diamètre
★ 20 cm de fil câblé argenté
★ 43 cm de chaînette argentée à mailles « boules »
★ 1 cône argenté en filigrane de 15 x 20 mm
★ 4 perles à écraser argentées
★ 1 anneau de jonction argenté de 8 mm de diamètre
★ 2 anneaux de jonction argentés de 5 mm de diamètre
★ 2 cache-nœuds argentés
★ 1 fermoir mousqueton argenté

Difficulté ✿

La fleur

Étalez la pâte à l'aide d'un rouleau ou d'une machine à pâte. Découpez 1 rond à l'emporte-pièce. Roulez-le sur lui-même pour obtenir 1 cône, en laissant un trou à l'extrémité (cela permettra de réaliser le montage par la suite). Faites cuire au four selon les instructions du fabricant et, si vous le souhaitez, vernissez la fleur.

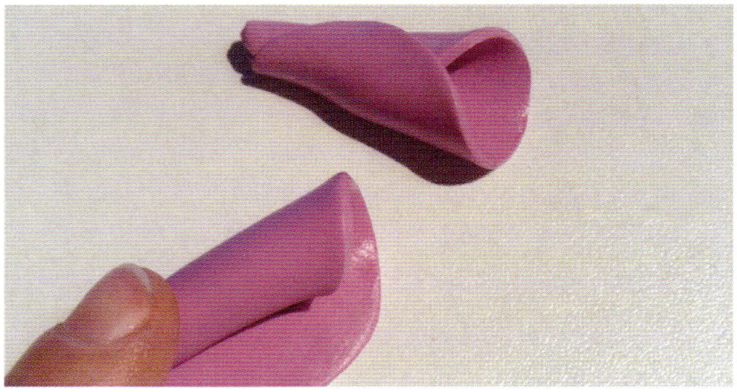

Le collier

Réalisez 1 fleur de glycine. Pliez le fil câblé en 2, insérez-le dans le cône en filigrane puis dans la fleur en laissant la boucle dépasser du cône. À chaque extrémité du fil câblé, enfilez 1 perle à facettes en la bloquant entre 2 perles à écraser. Sur la boucle du fil câblé, posez l'anneau de 8 mm. À chaque extrémité de la chaînette, posez 1 cache-nœud et 1 anneau de 4 mm, puis ajoutez le fermoir sur 1 des anneaux. Enfilez le pendentif sur la chaînette.

Le fuchsia
Photo P. 7

Fournitures

La fleur

★ Pâte polymère fuchsia
★ Vernis brillant (facultatif)

Le collier

★ Perles de rocaille transparentes avec le centre rose
★ 4 toupies violettes de 4 mm de diamètre
★ 5 perles blanches nacrées de 7 mm de diamètre
★ 60 cm de fil câblé argenté
★ 1 cône argenté en filigrane de 15 x 20 mm
★ 8 perles à écraser argentées
★ 1 anneau de jonction argenté de 4 mm de diamètre
★ 1 fermoir mousqueton argenté

Les boucles d'oreilles

★ 2 perles blanches nacrées de 5 mm de diamètre
★ 2 calottes argentées en filigrane de 7 mm de diamètre
★ 2 clous à boucle argentés
★ 2 clous à tête plate argentés

Difficulté ✿

La fleur

1- Étalez la pâte à l'aide d'un rouleau ou d'une machine à pâte. Avec un cutter de précision, découpez 3 petits cœurs et arrondissez légèrement leurs bords.

2- Assemblez-les pointes contre pointes, en les superposant et en formant 1 cône.

3- Roulez la base de la fleur entre vos doigts et lissez la pâte.

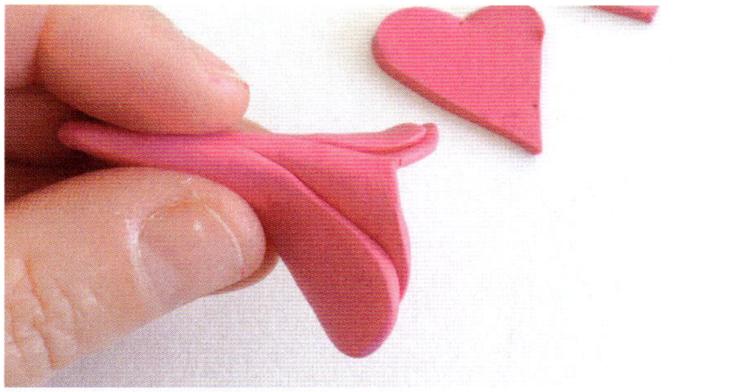

4- Avec une aiguille, percez le cœur de la fleur jusqu'à l'extrémité de la base (ce trou permettra de monter la fleur en bijou). Faites cuire au four selon les instructions du fabricant et, si vous le souhaitez, vernissez la fleur.

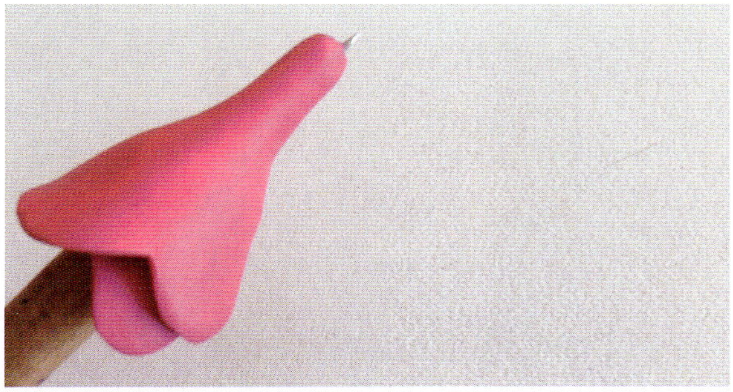

Le collier

Réalisez 1 grand fuchsia et 5 petits. Coupez le fil câblé en 2, insérez les 2 morceaux dans le grand fuchsia en laissant environ 6 cm dépasser de la corolle. Ajoutez le cône sur la fleur. Enfilez 1 perle à écraser de chaque côté de la fleur pour la bloquer.

Pour faire le pistil, enfilez sur chaque extrémité du câble qui dépasse de la corolle : 1 perle à écraser, 1 toupie, 2 perles de rocaille, 1 toupie et 1 perle à écraser. Aplatissez les perles à écraser.

Sur le 1er brin qui dépasse de la base de la fleur, enfilez 1 petit fuchsia et 1 perle nacrée, puis complétez avec des perles de rocaille jusqu'à obtenir la longueur souhaitée. À l'extrémité du fil câblé, posez 1 perle à écraser et le fermoir, repassez dans la perle à écraser et aplatissez-la. Coupez l'excédent de fil.

Sur le 2e brin, alternez 4 petits fuchsias et 4 perles nacrées, puis complétez avec des perles de rocaille jusqu'à atteindre la même longueur que sur le 1er brin. Bloquez l'extrémité du câble comme précédemment en remplaçant le fermoir par l'anneau.

Les boucles d'oreilles

Réalisez 2 petits fuchsias. Fixez les supports de boucles d'oreilles sur les clous à boucle. Dessus, enfilez les calottes et les fuchsias (bases vers les boucles). Coupez les clous et formez une boucle avec une pince à bouts ronds. Enfilez les perles nacrées sur les clous à tête plate et fixez-les au cœur des fuchsias.

La fleur de **lilas**

Photo P. 8

Fournitures

La fleur

- ★ Pâte polymère : mauve, jaune
- ★ Vernis brillant (facultatif)

Le bracelet

- ★ 17 cm de dentelle blanche de 5 cm de large
- ★ 17 cm de chaînette argentée à mailles fines
- ★ 2 serre-rubans argentés de 30 mm de large
- ★ 3 anneaux de jonction argentés de 5 mm de diamètre
- ★ 2 anneaux de jonction argentés de 8 mm de diamètre
- ★ 1 piton à vis argenté
- ★ 1 fermoir mousqueton argenté

Difficulté ✿

La fleur

1- Modelez 1 boule de pâte mauve. Avec un cutter, incisez la boule en 4 quartiers jusqu'au ¾.

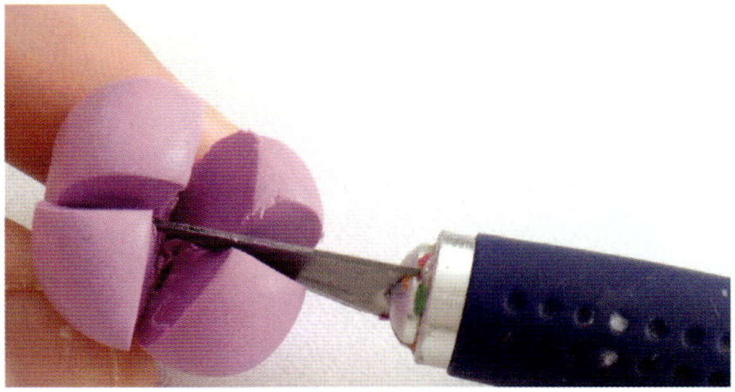

2- À l'aide d'une fine aiguille à tricoter, aplatissez chaque quartier.

3- Percez le cœur de la fleur.

4- Avec de la pâte polymère jaune, préparez 3 tout petits pistils pointus et placez-les dans le trou au cœur de la fleur.

5- Facultatif : pour utiliser cette fleur comme 1 perle à enfiler, il est possible de percer sa base avec 1 clou de bijouterie et de couper l'excédent de pâte.

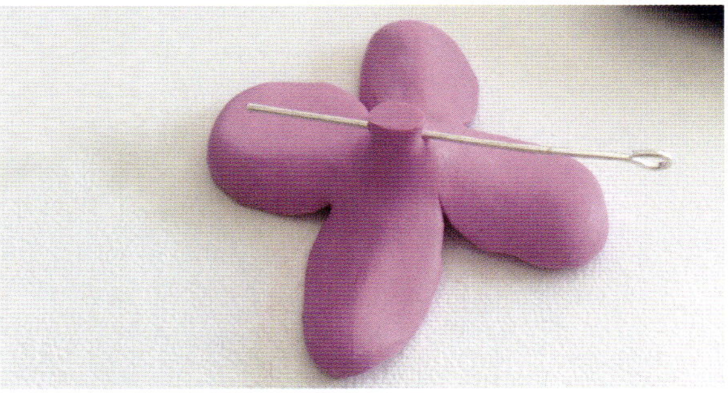

6- Faites cuire au four selon les instructions du fabricant et, si vous le souhaitez, vernissez la fleur.

Le bracelet

Réalisez 1 fleur de lilas (sans la préparer selon l'étape 5). Ajustez la dentelle à votre tour de poignet, puis posez les serre-rubans à chaque extrémité de la dentelle à l'aide d'une pince plate. Sur chaque serre-ruban, ajoutez 1 anneau de 8 mm. Sur 1 de ces anneaux, ajoutez le fermoir.

Ajustez la longueur de la chaînette à celle du bracelet, puis attachez chaque extrémité à 1 serre-ruban avec 1 anneau de 5 mm. Vissez le piton au dos de la fleur et fixez-le sur la chaînette et la dentelle avec 1 anneau de 5 mm.

Le myosotis

Photo P. 9

Fournitures

La fleur

- ★ Pâte polymère : bleu roi, jaune tournesol
- ★ Emporte-pièce en forme de pétale de 1,5 x 1,5 cm
- ★ Peinture acrylique blanche (facultatif)
- ★ Vernis brillant (facultatif)

Le collier

- ★ Pâte polymère bleu roi
- ★ 1 tour de cou câblé argenté avec 1 fermoir à vis

La bague

- ★ 1 support de bague plat argenté

Difficulté ✿

La fleur

1- Étalez de la pâte bleue à l'aide d'un rouleau ou d'une machine à pâte. Découpez 5 pétales à l'emporte-pièce.

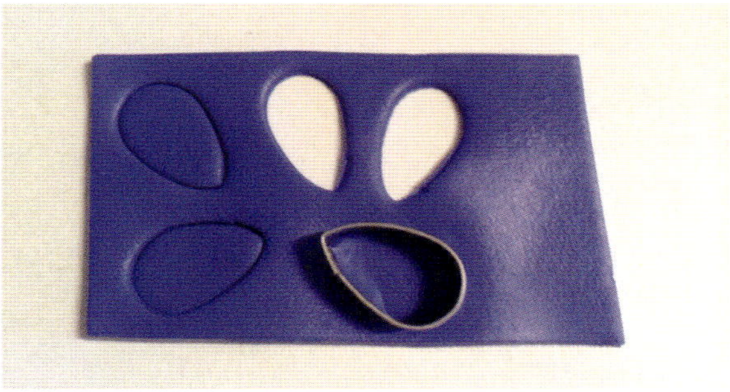

2- Aplatissez légèrement les bords des pétales et accentuez la pointe. Assemblez-les pour former une fleur.

3- Modelez 1 petite boule de pâte jaune et piquetez-la avec une aiguille ou un cure-dent.

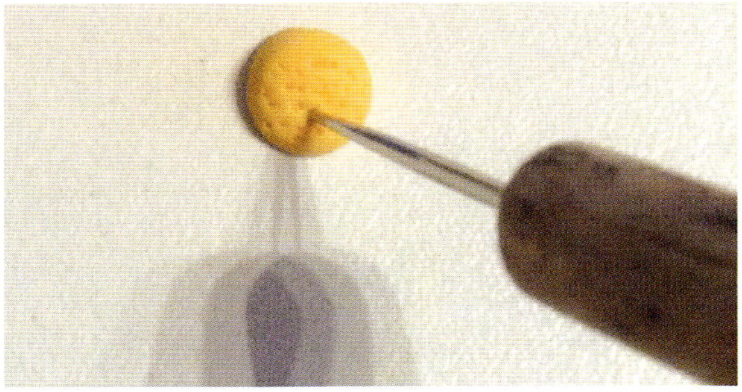

4- Dessinez les nervures avec un cure-dent. Si vous le souhaitez, appliquez un peu de peinture blanche sur le bord et entre les pétales.

5- Placez la boule jaune au cœur de la fleur. Faites cuire au four selon les instructions du fabricant et, si vous le souhaitez, vernissez la fleur.

Le collier

Réalisez 3 fleurs de myosotis. Préparez 3 bandes bleues et pliez-les de façon à former une encoche selon la photo ci-dessous. Faites cuire les pièces au four selon les instructions du fabricant.

Avec de la colle à bijoux, assemblez chaque fleur avec 1 bande en insérant le tour de cou entre les 2.

La bague

Réalisez 1 fleur de myosotis et collez-la sur le support de bague.

La renoncule

Photo P. 10

Fournitures

La fleur

- Pâte polymère : orange, jaune
- Emporte-pièce rond de 3 cm de diamètre

Le sautoir

- 55 cm de chaînette bronze
- 1 motif en filigrane bronze de 5 x 6 cm
- 2 breloques bronze en forme de feuille
- 3 anneaux de jonction bronze de 6 mm de diamètre
- 2 anneaux de jonction bronze de 5 mm de diamètre
- 1 fermoir en « T » bronze

Difficulté ✿

La fleur

1- Modelez 1 demi-boule jaune et piquetez-la avec une aiguille fine pour réaliser le cœur.

2- Étalez de la pâte polymère orange à l'aide d'un rouleau ou d'une machine à pâte. Découpez une dizaine de demi-ronds à l'emporte-pièce.

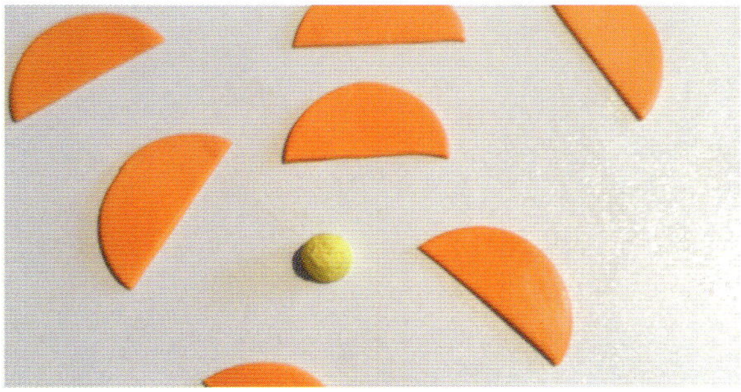

3- Assemblez ces pétales en les superposant petit à petit autour du cœur. Faites cuire au four selon les instructions du fabricant.

Le sautoir

Réalisez 1 renoncule et collez-la sur le motif en filigrane. Montez les petits anneaux sur les feuilles. Assemblez le petit anneau de la 1re feuille et le motif en filigrane par 1 grand anneau. Coupez 2 segments de chaînette : 1 de 24 cm et 1 de 31 cm. Assemblez 1 extrémité de chacun de ces 2 segments sur le petit anneau de la 2e feuille. Enfilez le grand segment dans le grand anneau du motif en filigrane et posez les 2 moitiés du fermoir aux extrémités de la chaînette à l'aide des 2 grands anneaux restants.

La fleur de **tiaré**

Photo P. 11

Fournitures

La fleur
★ Pâte polymère : blanche, jaune
★ 1 cure-dent
★ Vernis brillant (facultatif)
Les boucles d'oreilles
★ 2 créoles argentées de 4 cm de diamètre
★ 2 supports de boucles d'oreilles argentés
Le peigne
★ 1 peigne à cheveux argenté

Difficulté ✿

La fleur

1- Étalez de la pâte blanche à l'aide d'un rouleau ou d'une machine à pâte. Découpez des bandes de dimensions identiques et formez des gouttes.

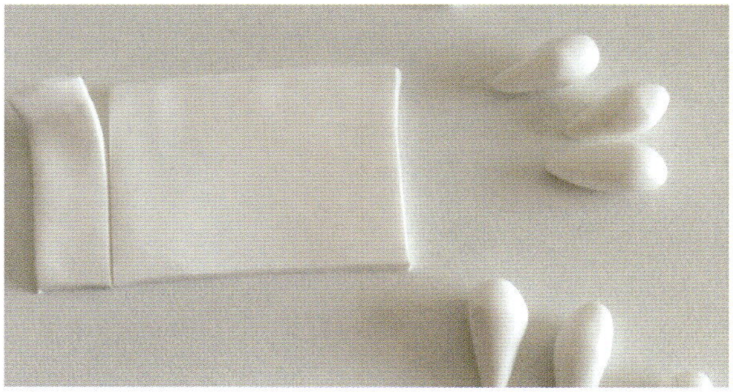

2- Aplatissez les gouttes à l'aide d'un rouleau pour obtenir des pétales.

3- À l'aide d'un cure-dent, tracez une nervure au centre de chaque pétale.

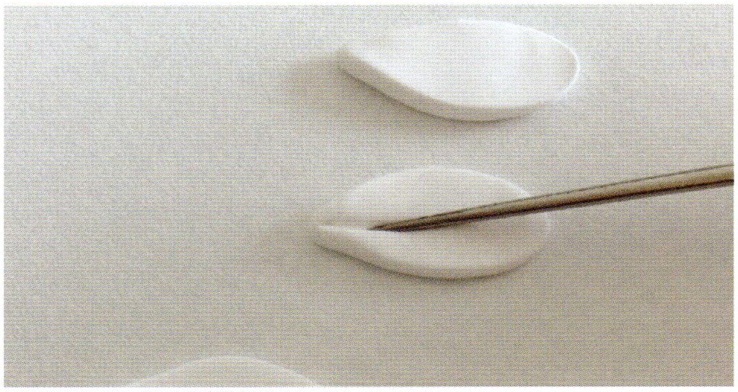

4- Modelez un peu les pétales pour leur donner une forme plus naturelle.

5- Modelez 1 pistil jaune et piquez-le sur le cure-dent. Placez les pétales autour.

6- À l'aide d'une aiguille, étalez le pistil jaune au cœur des pétales en formant un trou qui facilitera le montage des bijoux.

7- Faites cuire au four selon les instructions du fabricant et, si vous le souhaitez, vernissez la fleur.

Les boucles d'oreilles

Réalisez 2 fleurs de tiaré. Insérez les fleurs sur les créoles et fixez les supports de boucles d'oreilles.

Le peigne

Réalisez 1 fleur de tiaré et fixez-la sur un angle du peigne avec de la colle chaude. Retournez le peigne et déposez un autre point de colle chaude au dos de la fleur pour qu'elle soit bien maintenue.

Les **marguerites** et leur variante **tournesol**

Photos P. 12

Fournitures

Les fleurs
★ Pâte polymère : blanche, jaune, marron
★ Vernis brillant (facultatif)
★ Méthode 1 : moule en silicone en forme de marguerite de 2,5 cm de diamètre
★ Méthode 2 : emporte-pièce en forme de pétale de 1 x 2 cm

Le bracelet
★ 17 cm de biais Liberty de 2 cm de large
★ 2 serre-rubans argentés de 2 cm de large
★ 2 anneaux de jonction argentés de 6 mm de large
★ 1 anneau de jonction argenté de 4 mm de large
★ 1 fermoir mousqueton argenté

Les boucles d'oreilles
★ 2 gouttes argentées en filigrane de 20 x 35 mm
★ 2 supports de boucles d'oreilles argentés

La barrette
★ 1 barrette métallique d'environ 8 x 50 mm
★ 6,5 cm de ruban en satin vert à pois blancs de 10 mm de large

La broche
★ 1 support de broche métallique de 5 x 35 mm

Méthode 1 : la marguerite moulée

Difficulté ✿

1- Déposez 1 petite boule jaune au centre du moule.

2- Superposez de la pâte blanche pour les pétales et retirez l'excédent de pâte à l'aide d'une lame de cutter. Démoulez, puis faites cuire au four selon les instructions du fabricant. Si vous le souhaitez, vernissez la fleur.

Astuces pour démouler

✿ **Si la pâte n'a pas été trop malaxée et n'est donc pas trop molle, vous pouvez démouler immédiatement.**

✿ **Sinon, déposez le moule dans le réfrigérateur pendant quelques minutes pour que la pâte durcisse.**

✿ **Une autre solution consiste à faire cuire la fleur sans la démouler, mais cela abîme le moule et réduit sa durée de vie.**

Variante : le tournesol

Reprenez les étapes ci-dessus en réalisant un cœur marron et des pétales jaunes : vous obtiendrez un tournesol.

Méthode 2 : la marguerite à l'emporte-pièce

Difficulté ✿

1- Étalez de la pâte blanche à l'aide d'un rouleau ou d'une machine à pâte. Découpez 6 pétales à l'emporte-pièce. Réalisez 1 petite boule et aplatissez-la.

2- Assemblez les pétales sur le petit rond. Modelez 1 petite boule jaune.

3- Déposez la boule jaune au cœur de la fleur et piquetez-la à l'aide d'une aiguille.

4- Faites cuire au four selon les instructions du fabricant. Si vous le souhaitez, vernissez la fleur.

Méthode 3 : la marguerite modelée

Difficulté ✿✿

1- Modelez 1 fin rondin de pâte blanche et découpez environ 20 tronçons de même longueur.

2- À l'aide d'un cure-dent ou d'une grosse aiguille, aplatissez le centre de chaque rondin pour former les pétales.

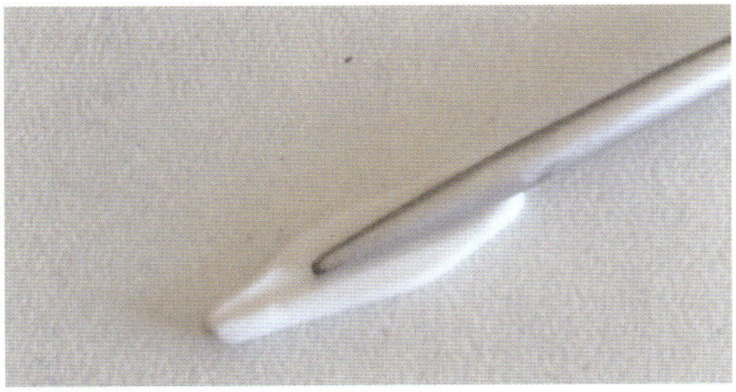

3- Disposez une dizaine de pétales pour former 1 fleur.

4- Superposez une 2e épaisseur de pétales et ajoutez 1 petite boule de pâte jaune.

5- Piquetez le cœur à l'aide d'une aiguille. Faites cuire au four selon les instructions du fabricant et vernissez la fleur si vous le souhaitez.

Le bracelet

Réalisez 1 marguerite moulée. Adaptez la longueur du biais à votre tour de poignet et, à l'aide d'une pince plate, fixez les serre-rubans aux extrémités. Posez les 2 grands anneaux sur les serre-rubans, puis ajoutez le petit anneau et le fermoir d'un côté. Au centre du biais, fixez la fleur avec de la colle textile.

Les boucles d'oreilles

Réalisez 2 marguerites moulées et collez-les sur les gouttes en filigrane. Fixez les gouttes sur les supports.

La barrette

Réalisez 1 marguerite à l'emporte-pièce. Collez le ruban sur la barrette en rabattant l'excédent dessous. Collez la fleur au milieu du ruban.

La broche

Réalisez 1 marguerite modelée et collez-la sur le support de broche.

La **rose ronde** et sa variante pointue

Photos P. 13-16

Fournitures

Les fleurs
- ★ Pâte polymère : rose clair, rose foncé, rouge, parme
- ★ Vernis brillant (facultatif)

Le collier
- ★ 36 cm de dentelle blanche de 45 mm de large
- ★ 2 serre-rubans argentés de 20 mm de large
- ★ 3 anneaux de jonction argentés de 6 mm de diamètre
- ★ 1 fermoir mousqueton argenté

Les clous d'oreilles
- ★ 2 clous d'oreilles bronze avec 1 plateau de 12 mm de diamètre

Les barrettes
- ★ 2 barrettes argentées avec 1 plateau en filigrane de 25 mm de diamètre

Le pendentif
- ★ Pâte polymère verte
- ★ 1 cloche en verre de 15 x 25 mm (Ø x h) avec son attache et son support argentés
- ★ 1 clou à tête plate argenté
- ★ 1 anneau de jonction argenté de 4 mm de diamètre
- ★ 49 cm de chaînette argentée à mailles « boules »
- ★ 1 fermoir pour mailles « boules » argenté

Le bracelet
- ★ 1 bracelet rigide bronze avec 1 support en filigrane en forme de fleur de 40 mm de diamètre

Les pendants d'oreilles
- ★ 2 séparateurs argentés avec 1 nœud et 2 trous
- ★ 2 anneaux de jonction argentés de 6 mm de diamètre
- ★ 2 supports de boucles d'oreilles argentés

La bague
- ★ 1 support de bague noir en filigrane

Les pinces à cheveux
- ★ 2 pinces à cheveux acier avec 1 plateau

Le *head-band*
- ★ 45 cm de chaînette bronze (à adapter selon votre tour de tête)
- ★ 1 séparateur bronze en filigrane de 25 x 60 mm avec 2 attaches
- ★ 2 anneaux de jonction bronze de 4 mm de diamètre
- ★ 2 anneaux de jonction bronze de 6 mm de diamètre
- ★ 1 fermoir mousqueton bronze

Difficulté ✿✿

La rose ronde

1- Formez 1 rondin de la couleur et du diamètre désirés (ici, 1 rondin rose clair de 1,5 cm de diamètre). Découpez des tranches égales.

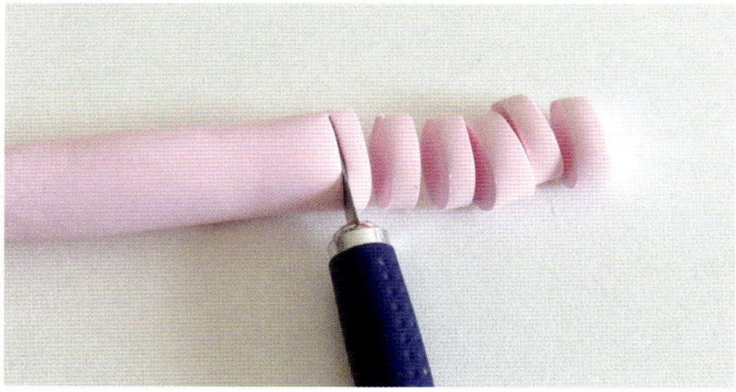

2- Modelez quelques tranches en forme de pétale (vous modèlerez les autres au fur et à mesure selon vos besoins).

3- Pour réaliser le cœur, enroulez un morceau de pâte sur lui-même.

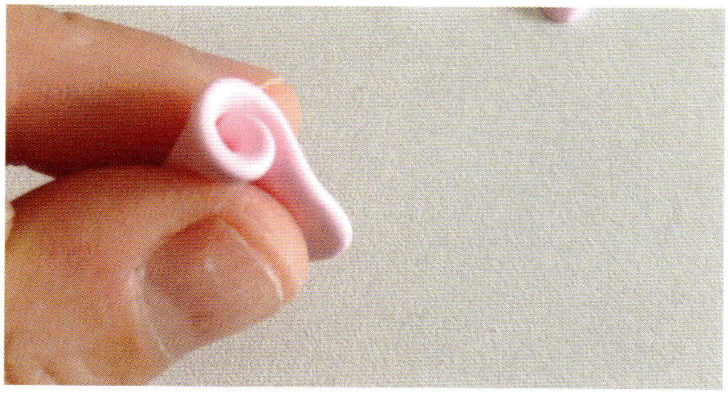

4- Placez les pétales autour du cœur en augmentant leur dimension au fur à mesure. Continuez jusqu'à atteindre le diamètre souhaité.

5- Faites tourner la base de la rose entre vos doigts pour obtenir 1 tige. Coupez cette tige pour obtenir une base plate.

6- Faites cuire au four selon les instructions du fabricant et vernissez la fleur si vous le souhaitez.

Variante : la rose pointue

Reprenez les étapes précédentes en modelant des pétales pointus.

Le collier

Réalisez 1 rose ronde d'environ 3,5 x 1,5 cm (Ø x h) avec de la pâte rose clair et percez le bord d'un des pétales. Adaptez la longueur de la dentelle à votre tour de cou. Posez les serre-rubans aux extrémités de la dentelle, munissez-les de 1 anneau chacun et ajoutez le fermoir sur l'un d'eux. À l'aide du dernier anneau, accrochez la rose sur le bord inférieur de la dentelle, au milieu.

Les clous d'oreilles

Réalisez 2 roses rondes d'environ 1,2 x 1 cm (Ø x h) avec de la pâte rose foncé. Collez-les sur les plateaux des clous d'oreilles.

Les barrettes

Réalisez 2 roses rondes d'environ 2 x 1 cm (Ø x h) avec de la pâte rose foncé. Collez-les sur les plateaux des barrettes.

Le pendentif

Modelez 1 rond vert adapté au support de la cloche, piquetez-le à l'aide d'une aiguille pour imiter de l'herbe et trouez son centre. Modelez 1 fin rondin vert pour réaliser la tige. Insérez le clou à tête plate dans le trou du rond vert, puis dans la tige. Modelez 1 rose ronde d'environ 1 x 1 cm (Ø x h) avec de la pâte rouge. Adaptez la longueur du clou et piquez la rose dessus. Faites cuire la pièce selon les instructions du fabricant.

Collez le rond vert sur le support de la cloche et fixez la cloche. Accrochez l'attache à la cloche, l'anneau sur l'attache et enfilez la chaînette munie du fermoir.

Le bracelet

Réalisez 1 rose pointue d'environ 3 x 1,2 cm (Ø x h) avec de la pâte rose foncé. Collez-la sur le support du bracelet.

Les pendants d'oreilles

Réalisez 2 roses pointues d'environ 2 x 1,2 cm (Ø x h) avec de la pâte rose clair, puis percez le bord d'un de leurs pétales. Assemblez le 1er trou de chaque séparateur sur chaque rose à l'aide d'1 anneau. Fixez le 2e trou de chaque séparateur sur 1 support de boucle d'oreille.

La bague

Réalisez 1 rose pointue d'environ 2 x 0,8 cm (Ø x h) avec de la pâte rose clair. Collez-la sur le support de bague.

Les pinces à cheveux

Réalisez 2 roses pointues d'environ 2 x 1,2 cm (Ø x h) avec de la pâte parme. Collez-les sur les plateaux des pinces à cheveux.

Le *head-band*

Réalisez 1 rose pointue nervurée d'environ 3,5 x 2 cm (Ø x h) avec de la pâte parme. Collez-la sur le séparateur puis, sur chaque attache du séparateur, ajoutez 1 petit anneau et 22,5 cm de chaînette. Mesurez votre tour de tête et adaptez la longueur des segments de chaînette si nécessaire. Posez les grands anneaux aux extrémités des chaînettes et ajoutez le fermoir sur l'un d'eux.

Le **bouton** de **rose**

Photo P. 17

Fournitures

La fleur

- ★ Pâte polymère : blanche, verte
- ★ Emporte-pièce rond (ou ovale)
- ★ Pastels secs : rose, vert
- ★ Pinceaux

Le collier

- ★ 43 cm de ruban d'organza prune de 10 mm de large
- ★ 172 cm de lacet ciré prune de 1 mm de diamètre
- ★ 1 bélière argentée de 4 x 7 mm
- ★ 1 clou à boucle argenté
- ★ 2 pince-lacets argentés de 4 x 8 mm
- ★ 2 anneaux de jonction argentés de 5 mm de diamètre
- ★ 4 cm de chaînette argentée à grandes mailles
- ★ 1 fermoir mousqueton argenté

Difficulté ✿✿

La fleur

1- Étalez de la pâte blanche à l'aide d'un rouleau ou d'une machine à pâte. Découpez des ronds (ou des ovales) à l'emporte-pièce. Préparez également 1 boule de pâte pour le cœur.

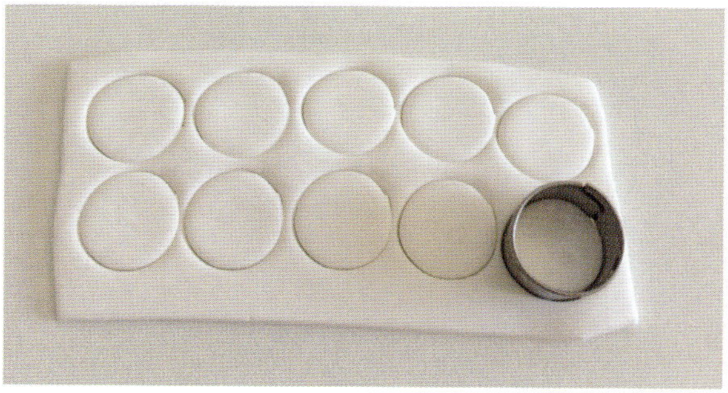

2- Modelez les ronds (ou les ovales) en forme de pétales.

3- Superposez les pétales tout autour de la boule, puis pincez leurs bords pour leur donner une forme pointue.

4- Grattez le pastel rose pour obtenir du pigment et déposez-le sur la rose à l'aide d'un pinceau.

5- En vous inspirant d'un bouton de rose (réel ou artificiel), modelez 1 cône vert pour former la base.

6- Étalez de la pâte verte à l'aide d'un rouleau ou d'une machine à pâte et, à l'aide d'un cutter de précision, découpez de fines feuilles.

7- Déposez les feuilles autour des pétales et tracez de légères nervures.

8- Ajoutez le cône sous la fleur. Préparez du pigment vert et colorez les feuilles en rose et en vert. Faites cuire la pièce selon les instructions du fabricant.

Le collier

Préparez 1 bouton de rose. Piquez le clou à la base de la fleur, puis fixez-le sur la bélière. Coupez le lacet en 4 segments égaux. Dans un pince-lacet, prenez ensemble l'une des extrémités des lacets et du ruban. Enfilez la bélière sur les fils et posez le 2e pince-lacet à l'autre extrémité. Sur les pince-lacets, ajoutez 1 anneau, puis la chaînette sur l'un et le fermoir sur l'autre.

Le **dahlia**

Photo P. 18

Fournitures

La fleur

★ Pâte polymère : mauve, jaune
★ Emporte-pièce rond
★ Vernis brillant (facultatif)

Le serre-tête

★ 1 serre-tête métallique noir avec 1 motif en filigrane
★ 1 fleur noire en dentelle de 55 mm de diamètre

Difficulté ✿✿

La fleur

1- Étalez de la pâte mauve à l'aide d'un rouleau ou d'une machine à pâte. Découpez des ronds à l'emporte-pièce et redécoupez-les en forme de pétales. Réalisez ainsi une quinzaine de pétales.

2- À l'aide d'une grosse aiguille, tracez une nervure centrale sur chaque pétale. Courbez-les.

3- Assemblez 6 pétales pour former 1 fleur.

4- Superposez ainsi 2 autres fleurs et faites un creux au centre.

5- Modelez 1 pistil jaune.

6- Placez le pistil dans le creux et piquetez-le. Faites cuire au four selon les instructions du fabricant et vernissez la fleur si vous le souhaitez.

Le serre-tête

Préparez 1 dahlia. Sur le motif en filigrane du serre-tête, collez la fleur en dentelle, puis le dahlia.

La fleur d'**hortensia**

Photo P. 19

Fournitures

La fleur

★ Pâte polymère bleue pailletée
★ 2 emporte-pièces ovales (ou en forme de pétale) : 1 petit, 1 grand
★ Vernis mat (facultatif)

Le collier

★ 3 séparateurs argentés à motif floral de 7 x 15 mm avec 2 attaches
★ 29,5 cm de chaînette argentée à mailles fines
★ 10 anneaux de jonction argentés de 8 mm de diamètre
★ 1 fermoir mousqueton argenté

La broche

★ 1 support de broche bronze de 30 x 35 mm

Difficulté ✿✿

La fleur

1- Étalez de la pâte bleue à l'aide d'un rouleau ou d'une machine à pâte. Avec les emporte-pièces, découpez 4 grands pétales et 3 petits.

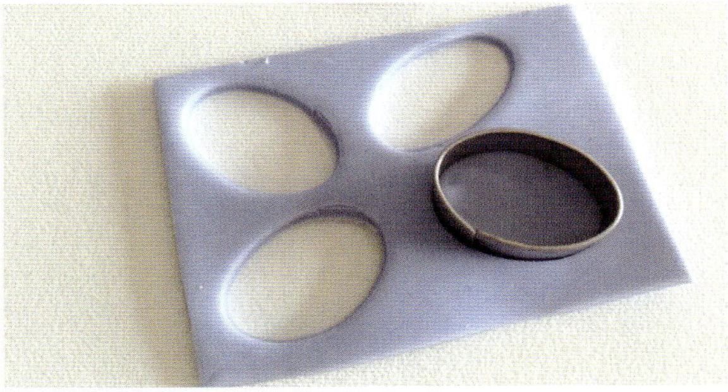

2- Affinez la forme des pétales et tracez leurs nervures.

3- Modelez 1 petite boule et aplatissez-la. Dessus, placez les 4 grands pétales en croix, puis les 3 petits.

4- Percez le centre et ajoutez 1 petite bille de pâte bleue pour former le cœur. Faites cuire au four selon les instructions du fabricant et vernissez la fleur si vous le souhaitez.

Astuces

En variant la taille des emporte-pièces, il est possible de faire des fleurs de différents diamètres.

Le collier

Réalisez 3 fleurs d'hortensia de 4 cm de diamètre et 1 de 3 cm de diamètre. Percez le bord de 2 pétales opposés sur chaque fleur et fixez 1 anneau dans chaque trou. Assemblez les 4 fleurs en fixant 1 séparateur entre chaque. Découpez 2 segments de chaînette : l'un de 15 cm et l'autre de 14,5 cm. Fixez-les de chaque côté du groupe de fleur, puis ajoutez 1 anneau à chaque extrémité libre et posez le fermoir sur le segment court.

La broche

Réalisez 1 fleur d'hortensia de 4 cm de diamètre et collez-la sur le support de broche.

La pensée

Photo **P. 20**

Fournitures

La fleur

★ Pâte polymère : jaune, violette
★ Emporte-pièce ovale de 1 x 2 cm
★ Emporte-pièce rond de 3 cm de diamètre
★ Peinture acrylique violette
★ Vernis brillant (facultatif)

Le porte-clefs

★ 1 porte-clefs argenté
★ 1 séparateur argenté en forme de fleur de 14 mm de diamètre avec 2 trous
★ 1 breloque argentée en forme de fer à cheval
★ 6,5 cm de ruban en satin jaune à pois blancs de 10 mm de large
★ 3 anneaux de jonction argentés de 4 mm de diamètre
★ 1 serre-ruban argenté de 5 mm de large

Difficulté ✿✿

La fleur

1- Étalez de la pâte violette à l'aide d'un rouleau ou d'une machine à pâte. Découpez 2 ovales à l'emporte-pièce.

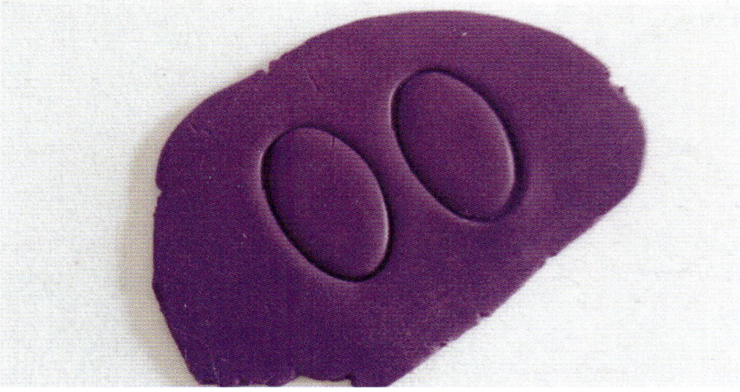

2- Étalez de la pâte jaune à l'aide d'un rouleau ou d'une machine à pâte. Découpez 2 ovales à l'emporte-pièce. À l'aide d'un cutter et de l'emporte-pièce rond, préparez 1 grand pétale en forme de triangle avec 1 côté arrondi.

3- Arrondissez encore les bords de ce grand pétale. Modelez également les 4 petits ovales en forme de pétales.

4- Sur 1 petit rond de pâte jaune, superposez les 2 pétales violets côte à côte en haut, puis les 2 petits pétales jaunes sur les côtés, et enfin le grand pétale jaune en bas.

5- Percez le centre avec une grosse aiguille. Dessinez des nervures.

6- Faites cuire la fleur selon les instructions du fabricant. Ajoutez les détails avec de la peinture violette. Si vous le souhaitez, vernissez la fleur.

Le porte-clefs

Préparez 1 pensée, percez le bord du grand pétale et fixez 1 anneau. Posez le serre-ruban à 1 extrémité du ruban et coupez l'autre extrémité en biais. Ajoutez 1 anneau sur chaque trou du séparateur et la breloque sur 1 des anneaux. Accrochez ces 3 décorations au porte-clefs.

La fleur de **frangipanier** et sa variante

Photo P. 21

Fournitures

Les fleurs

- ★ Pâte polymère blanche
- ★ Emporte-pièce en forme de pétale de 1 x 2 cm
- ★ Pastels secs : jaune, rose orangé
- ★ Peintures acryliques : violette, jaune
- ★ 1 clou à boucle
- ★ Vernis brillant

Le collier

- ★ 1 torque argenté
- ★ 4 perles de rocaille dorées
- ★ 4 perles nacrées de 10 mm de diamètre
- ★ 60 cm de fil rouge en aluminium de 0,8 mm de diamètre
- ★ Fil câblé argenté
- ★ 5 perles à écraser argentées

L'épingle à chignon

- ★ 1 épingle à chignon bronze
- ★ 1 perle mauve nacrée de 10 mm de diamètre
- ★ 30 cm de fil câblé argenté
- ★ 2 perles à écraser argentées

Difficulté ✿✿

La fleur

1- Étalez de la pâte blanche à l'aide d'un rouleau ou d'une machine à pâte. Découpez 5 pétales à l'emporte-pièce.

2- Pincez les 2 extrémités des pétales.

3- Assemblez-les en les superposant pour former la fleur.

4- Piquez le clou à boucle à la base de la fleur pour servir de support.

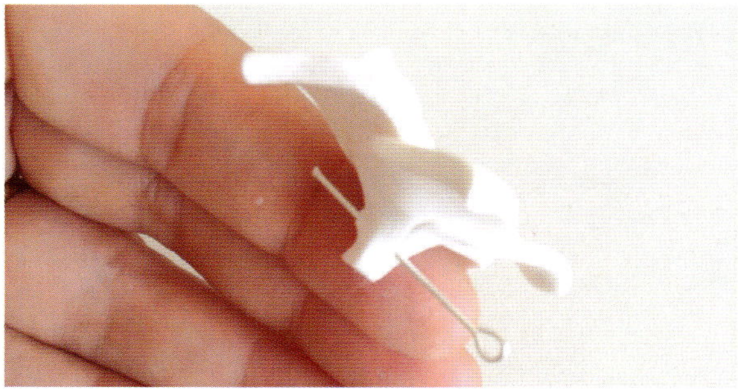

5- Posez la fleur sur le plan de travail. Grattez les pastels secs pour obtenir des pigments jaune et rose orangé. En réalisant des dégradés, appliquez du jaune sur le cœur et du rose orangé à l'extrémité des pétales. Retirez le clou et percez le cœur de la fleur. Faites cuire selon les instructions du fabricant et vernissez.

Variante mauve

1- Reprenez les étapes 1 et 2 de la fleur de frangipanier ci-avant, et courbez légèrement un côté des pétales.

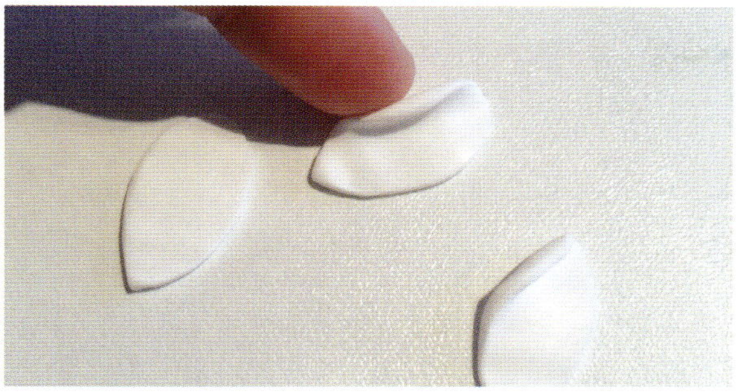

2- Assemblez-les en les superposant pour former la fleur.

3- Faites un creu au cœur de la fleur avec un outil à bout rond et percez-la pour pouvoir l'enfiler.

4- Faites cuire selon les instructions du fabricant. Peignez le cœur en jaune et l'intérieur des pétales en violet. Vernissez.

Le collier

Réalisez 1 fleur de frangipanier. Coupez 2 segments de 7 cm de fil câblé et insérez-les dans le cœur de la fleur. Sur chaque brin (côté fleur), enfilez 1 perle à écraser et aplatissez-la, puis enfilez 2 perles de rocaille et 1 perle à écraser, aplatissez-la et coupez l'excédent de fil câblé aux extrémités du pistil.

Nouez les 2 brins dépassant de la base de la fleur sur un côté du torque et fixez-les à l'aide de 1 perle à écraser. Coupez l'excédent de fil câblé.

Réalisez une petite spirale sur 1 extrémité du fil rouge. Enroulez-le 2 fois autour du torque à gauche de la fleur, puis 3 fois à droite de la fleur. Ensuite, alternez des volutes en fil rouge et des perles nacrées autour du torque et finissez par une petite spirale.

L'épingle à chignon

Réalisez 1 fleur de frangipanier mauve. Sur le fil, insérez 1 perle à écraser et aplatissez-la. Puis, enfilez la perle mauve et la fleur. Enroulez le fil câblé sur la partie arrondie de l'épingle à chignon, nouez, bloquez avec 1 perle à écraser et coupez l'excédent de fil câblé.

Les **orchidées** et leur variante

Photos **P. 22-23**

Fournitures

Les fleurs

★ Pâte polymère : blanche, mauve
★ Pastels secs (ou peintures acryliques) : rose, jaune, noir
★ Vernis brillant (recommandé)
★ Méthode 1 : orchidée artificielle en tissu
★ Méthode 2 : papier sulfurisé ou en aluminium (facultatif)
★ Variante : peintures acryliques rouge, rose et marron

Le collier

★ Pâte polymère mauve
★ 8 perles nacrées de 10 mm de diamètre : 4 blanches, 2 prune, 2 mauves
★ 70 cm de fil câblé argenté
★ 1 anneau de jonction argenté de 8 mm de diamètre
★ 19 perles à écraser argentées
★ 1 fermoir mousqueton argenté

Le bijou de foulard

★ 1 foulard gris
★ 1 bélière argentée et courbée de 40 x 35 mm avec des cœurs et 1 attache
★ 1 anneau de jonction argenté de 8 mm de diamètre

Anatomie de l'orchidée

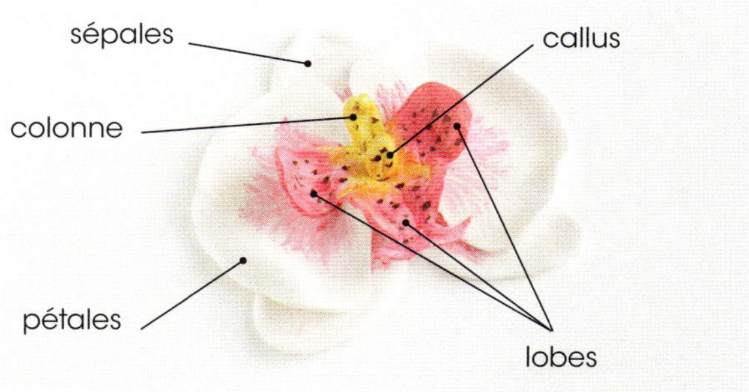

Méthode 1 : l'orchidée avec un patron

Difficulté ✿✿

1- Décomposez la fleur artificielle.

2- Étalez de la pâte blanche à l'aide d'un rouleau ou d'une machine à pâte. Déposez les sépales en tissu dessus et appuyez délicatement avec vos doigts ou un rouleau pour marquer l'empreinte.

3- À l'aide d'un cutter de précision, découpez la forme des sépales, puis retirez les pièces en tissu.

4- Suivez le même procédé pour obtenir les pétales.

5- Recommencez pour obtenir les 3 lobes et la colonne. À l'aide d'un outil à bout rond, préparez un trou au centre des lobes.

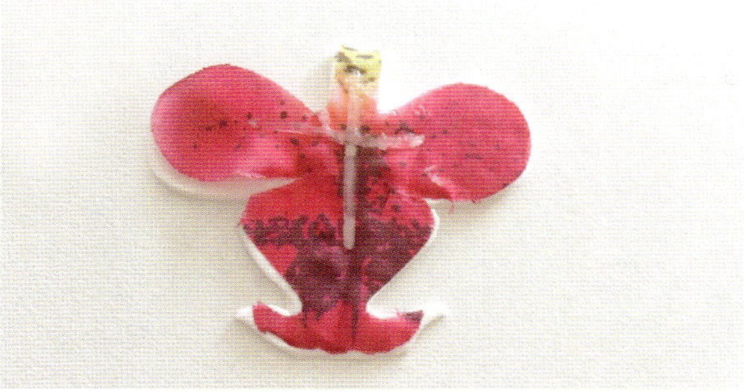

6- Modelez un petit peu de pâte blanche en forme de goutte et tracez un trait en son centre : vous obtenez le callus.

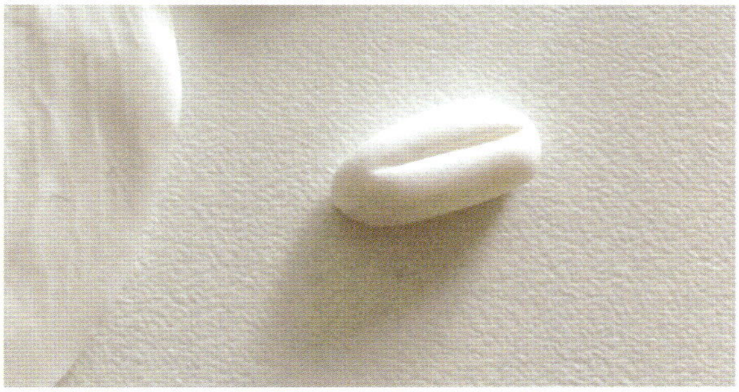

7- Superposez les sépales, les pétales, les lobes et la colonne, et enfin le callus.

8- Faites cuire la pièce selon les instructions du fabricant. Peignez-la à l'aide de poudre de pastels secs ou de peinture acrylique. Il est conseillé de vernir la fleur.

Astuce

Vous pouvez aussi peindre les différentes pièces de la fleur à l'aide de poudre de pastels secs avant la cuisson.

Méthode 2 : l'orchidée modelée

Difficulté ✿✿✿

1- Étalez de la pâte blanche à l'aide d'un rouleau ou d'une machine à pâte. À l'aide d'un cutter de précision, réalisez 3 sépales ovales.

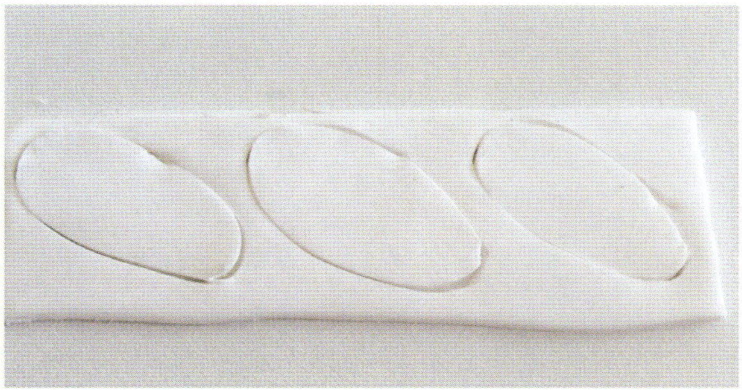

2- Découpez ensuite 2 pétales arrondis.

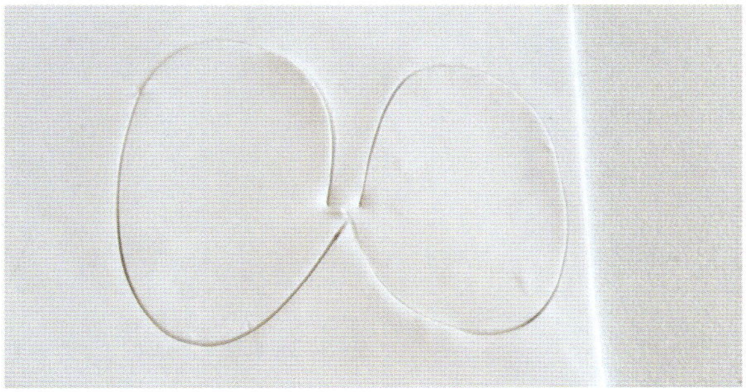

3- Découpez enfin la forme des lobes et de la colonne.

4- Affinez les formes de chaque pièce.

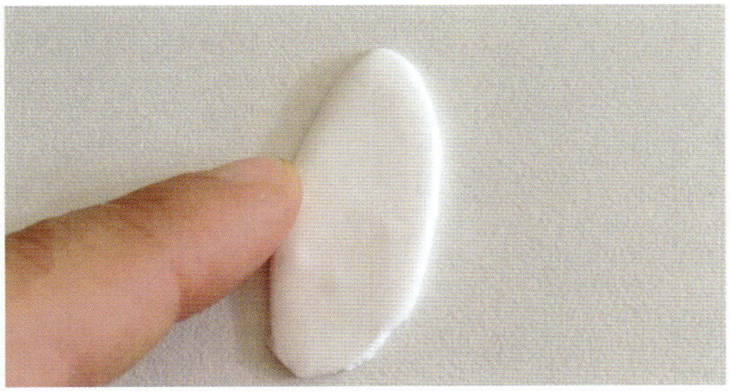

5- À l'aide d'une aiguille ou d'un cure-dent, dessinez de légères nervures sur toutes les pièces.

6- Assemblez les 3 sépales.

7- Ajoutez les 2 pétales en les courbant légèrement.

8- Ajoutez les lobes et la colonne. Avec un outil à bout rond, réalisez un creux au centre.

9- Modelez 1 petite goutte pour former le callus et déposez-la au centre, dans le creux.

10- Pour maintenir les pétales courbés pendant la cuisson, vous pouvez les soutenir avec des petits morceaux de papier sulfurisé ou d'aluminium. Faites cuire la pièce selon les instructions du fabricant. Peignez l'orchidée avec de la poudre de pastels secs ou de la peinture acrylique. Il est recommandé de vernir la fleur.

Note : il est aussi possible de peindre la fleur avant la cuisson, mais vous risquez de l'abîmer.

Variante : l'orchidée mauve

Difficulté ✿✿✿

1- Étalez de la pâte mauve à l'aide d'un rouleau ou d'une machine à pâte. Découpez 3 sépales ovales et 2 pétales arrondis selon la photo. Modelez plus précisément les pétales en les étirant légèrement avec les doigts.

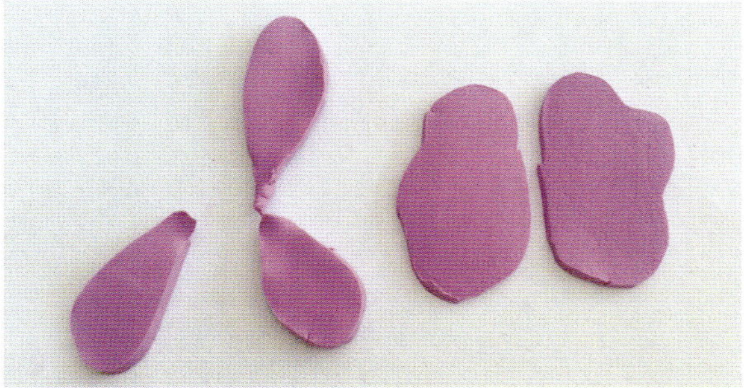

2- À l'aide d'une aiguille ou d'un cure-dent, dessinez de légères nervures sur toutes les pièces, du centre vers l'extérieur. Assemblez les 3 sépales et ajoutez dessus les 2 pétales.

3- Colorez de la pâte mauve avec de la peinture acrylique rouge pour obtenir une pâte pourpre. Étalez cette pâte pourpre puis découpez les lobes et la colonne dedans. Pour le callus, réalisez 1 petite boule de pâte blanche, aplatissez-la et piquetez-la.

4- Texturez la pièce pourpre et assemblez l'orchidée.

5- Peignez le cœur des pétales en rouge, puis le bord des sépales et des pétales en rose. Colorez légèrement les sépales et les pétales en rose. Ajoutez des points marron sur les lobes et la colonne, ainsi que sur le callus. Faites cuire au four selon les instructions du fabricant et vernissez (recommandé).

Le collier

Réalisez 1 orchidée mauve. Préparez 1 attache : pour cela, étalez de la pâte mauve, découpez 1 bande et courbez-la pour créer une encoche selon la photo du collier page 37. Faites cuire les pièces selon les instructions du fabricant.

Collez l'attache au dos de l'orchidée. Coupez 50 cm de fil câblé et enfilez la fleur. De chaque côté de la fleur, tous les 2 cm, bloquez à l'aide de perles à écraser : 1 perle mauve, 1 blanche et 1 prune.

Enfilez 20 cm de fil câblé dans l'attache de la fleur. Passez les 2 brins dans 1 perle à écraser et aplatissez-la (cf. photo ci-dessous). À chaque extrémité, bloquez 1 perle blanche à l'aide de perles à écraser. Coupez le fil au ras des perles.

Ajustez la longueur du collier. Aux extrémités du fil, posez l'anneau d'un côté et le fermoir de l'autre en les bloquant avec des perles à écraser.

Le bijou de foulard

Réalisez 1 orchidée modelée et percez un petit trou près du bord du sépale dorsal (en haut). Assemblez l'orchidée et la bélière à l'aide de l'anneau. Enfilez le foulard dans la bélière.

La fleur de **cerisier**

Photo P. 24

Fournitures

La fleur

★ Pâte polymère blanche
★ 3 perles de rocaille rouges
★ Fil rouge en aluminium de 0,8 mm de diamètre
★ Peinture acrylique jaune
★ Emporte-pièce ovale de 1 x 2 cm
★ Vernis brillant (facultatif)

Les boucles d'oreilles

★ 2 cônes argentés en filigrane de 15 x 20 mm (Ø x h)
★ 2 clous à boucle argentés
★ 2 supports de boucles d'oreilles argentés

Difficulté ✿✿✿

La fleur

1- Coupez 3 segments de fil en aluminium d'environ 5 cm de long. Collez 1 perle de rocaille à une de leurs extrémités.

2- Étalez de la pâte blanche à l'aide d'un rouleau ou d'une machine à pâte. Découpez 8 pétales à l'emporte-pièce. Aplatissez-les et agrandissez-les.

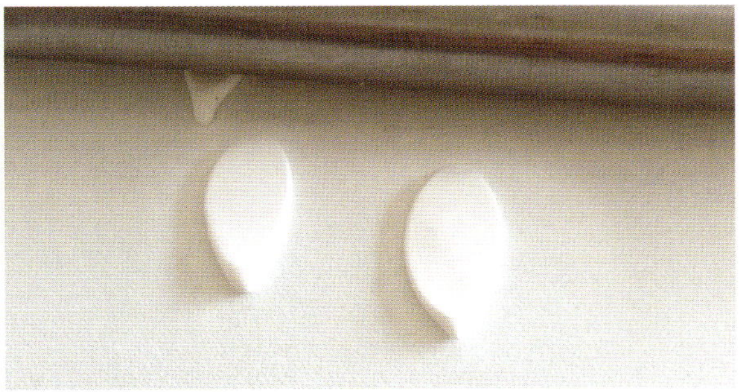

3- À l'aide d'une aiguille, tracez la nervure centrale des pétales. Pincez leurs extrémités et leurs bords pour les modeler.

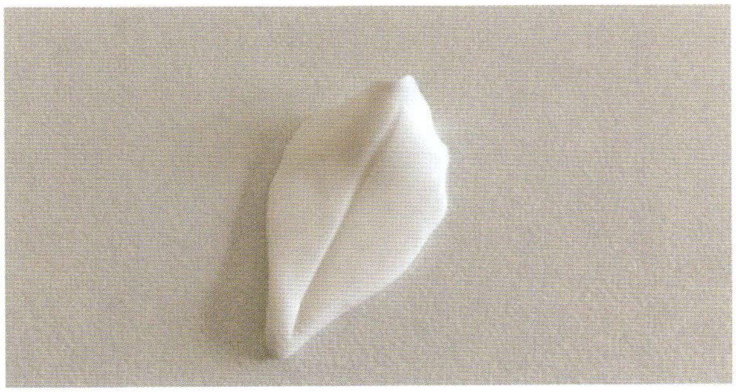

4- Enroulez un 1er pétale autour des 3 fils pour créer le pistil.

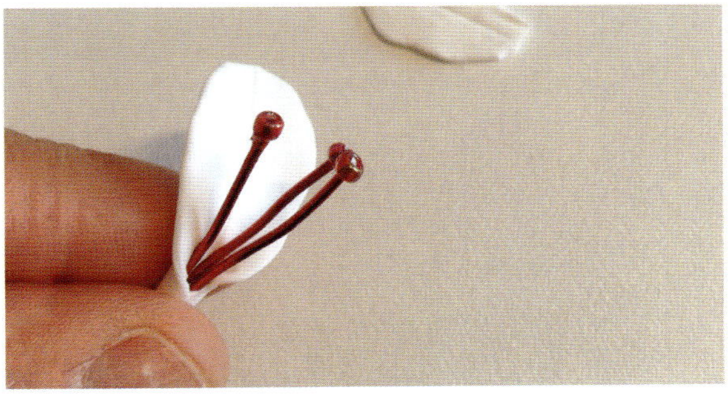

5- Ajoutez 3 autres pétales.

6- Réalisez une 2e rangée de 4 pétales.

7- Roulez la base de la fleur entre vos doigts pour assembler les pétales. Coupez l'excédent de fil en aluminium.

8- Peignez le cœur en jaune. Faites cuire la fleur selon les instructions du fabricant et vernissez-la si vous le souhaitez.

Les boucles d'oreilles

Réalisez 2 fleurs de cerisier. Enfilez les cônes sur les clous (boucle à l'intérieur du cône) et fixez les supports de boucles d'oreilles en réalisant une boucle avec le clou. Collez les fleurs dans les cônes.

Le coquelicot

Photos P. 25

Photos P. 25

Fournitures

La fleur

★ Pâte polymère : rouge, verte, noire
★ Pastel sec noir ou peinture acrylique noire et lingette (facultatif)
★ Vernis brillant (facultatif)

Le collier

★ Pâte polymère rouge
★ 1 torque argenté
★ 2 plumes noires

La bague

★ Pâte polymère verte
★ Support de bague bronze avec 1 plateau de 30 mm de diamètre
★ Globe en verre d'environ 28 mm de diamètre

Difficulté ✿✿✿

La fleur

1- Étalez de la pâte rouge à l'aide d'un rouleau ou d'une machine à pâte. À l'aide d'un cutter de précision, découpez 7 à 8 pétales.

2- À l'aide d'une aiguille ou d'un cure-dent, tracez de légères nervures sur les pétales, du cœur vers le bord.

3- Modelez 1 demi-boule de pâte verte. À l'aide d'une aiguille ou d'un cure-dent, dessinez des traits dessus, du centre vers l'extérieur.

4- Étalez de la pâte noire à l'aide d'un rouleau ou d'une machine à pâte. Découpez 1 bande d'environ 1 cm de large et d'une longueur suffisante pour entourer la demi-boule verte.

5- À l'aide d'un cutter de précision, effrangez la bande.

6- Pour réaliser le cœur du coquelicot, collez la bande noire autour de la demi-boule, franges vers le haut.

7- Assemblez une 1re rangée de pétales autour du cœur en les superposant. Puis continuez avec une 2e rangée de pétales.

8- Faites cuire la fleur selon les instructions du fabricant. Il est possible de peindre la fleur pour la rendre plus réaliste : pour cela, vous pouvez appliquer de la poudre de pastel noir, ou peindre en noir et estomper avec une lingette. Vernissez la fleur si vous le souhaitez.

Le collier

Réalisez 1 coquelicot. Préparez 1 attache : pour cela, étalez de la pâte rouge, découpez 1 bande et courbez-la pour créer une encoche selon la photo du collier page 37. Faites cuire les pièces selon les instructions du fabricant.

Collez l'attache et les plumes au dos de la fleur, en laissant dépasser les plumes. Enfilez la fleur sur le torque.

La bague

Réalisez 1 coquelicot miniature d'environ 1,5 x 1 cm (Ø x h). Réalisez 1 tapis d'herbe : pour cela, étalez un peu de pâte verte, découpez 1 rond du diamètre de la base du globe en verre et piquetez-le à l'aide d'une aiguille. Déposez le coquelicot au milieu de l'herbe. Faites cuire la pièce selon les instructions du fabricant.

Collez le tapis d'herbe au milieu du plateau du support de bague. Fixez le globe en verre avec de la colle forte.

L'hibiscus

Photo P. 26

Fournitures

La fleur

★ Pâte polymère : violette, jaune
★ Vernis brillant (facultatif)

Le collier

★ Pâte polymère violette
★ 6 perles grises nacrées de 5 mm de diamètre
★ 60 cm de fil câblé argenté
★ 16 perles à écraser argentées
★ 1 anneau de jonction argenté de 5 mm de diamètre
★ 1 fermoir mousqueton

Difficulté ✿✿✿

La fleur

1- Étalez de la pâte violette à l'aide d'un rouleau ou d'une machine à pâte. À l'aide d'un cutter, découpez 4 pétales pointus d'un côté et arrondis avec des dentelures de l'autre.

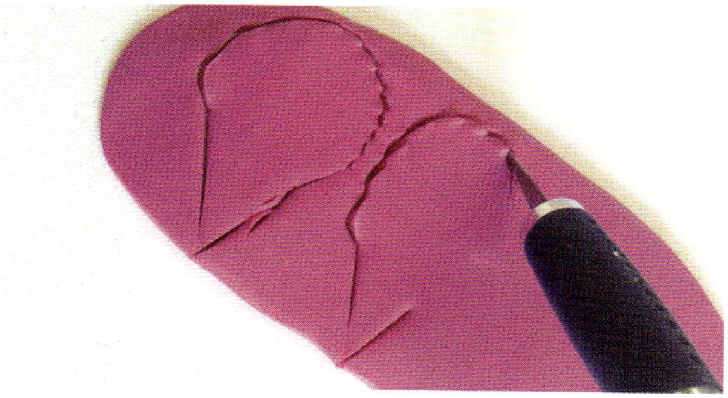

2- Modelez les pétales et courbez-les.

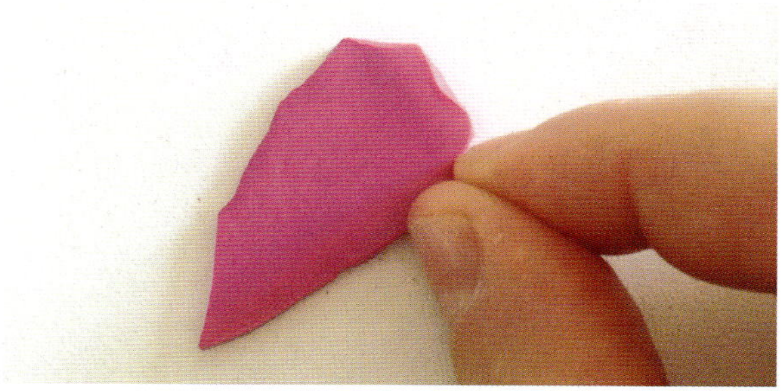

3- À l'aide d'une aiguille ou d'un cure-dent, tracez de légères nervures sur les pétales, du cœur vers le bord.

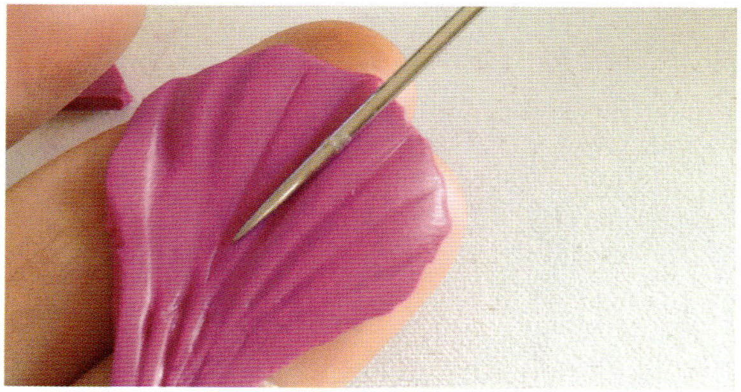

4- Réalisez le pistil. Pour cela, modelez 1 rondin violet fin et long, ainsi que des petites billes jaunes. Déposez les billes à une extrémité du rondin. Faites cuire cette pièce selon les instructions du fabricant.

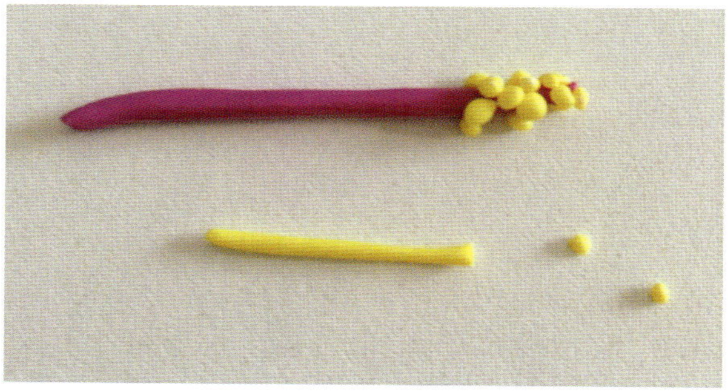

5- Assemblez les pétales autour du pistil.

Astuce

Posez la fleur sur un pot en verre pour que ses pétales restent ouverts. Le pot peut être mis au four.

6- Vous pouvez ajouter des traits très légers entre les nervures. Faites cuire la fleur au four selon les instructions du fabricant. Vernissez-la si vous le souhaitez.

Le collier

Réalisez 1 hibiscus. Préparez 1 attache : pour cela, étalez de la pâte violette, découpez 1 bande et courbez-la pour créer une encoche selon la photo du collier page 37. Faites cuire les pièces selon les instructions du fabricant.

Collez l'attache au dos de la fleur. Enfilez la fleur sur le fil câblé. À droite de la fleur, posez 2 perles grises espacées de 2,5 cm en les bloquant avec des perles à écraser. À gauche, recommencez avec 4 perles grises. Ajustez la longueur du collier. Aux extrémités du fil, posez l'anneau d'un côté et le fermoir de l'autre en les bloquant avec des perles à écraser.

Le **nénuphar**

Photo P. 26

Fournitures

La fleur

- ★ Pâte polymère : rose translucide, verte (jaune facultatif)
- ★ Emporte-pièce rond de 3,5 cm de diamètre
- ★ Pastels secs : jaune, rose
- ★ Vernis brillant (facultatif)

Le collier

- ★ Pâte polymère verte
- ★ 43 cm de ruban d'organza vert de 10 mm de large
- ★ 172 cm de lacet ciré vert de 1 mm de diamètre
- ★ 2 pince-lacets argentés de 4 x 8 mm
- ★ 2 anneaux de jonction argentés de 5 mm de diamètre
- ★ 4 cm de chaînette argentée à grandes mailles
- ★ 1 fermoir mousqueton argenté

Difficulté ✿✿✿

La fleur

1- Modelez 2 rondins roses : 1 large et 1 fin. Coupez 6 tranches dans le large et 8 dans le fin pour obtenir des pétales.

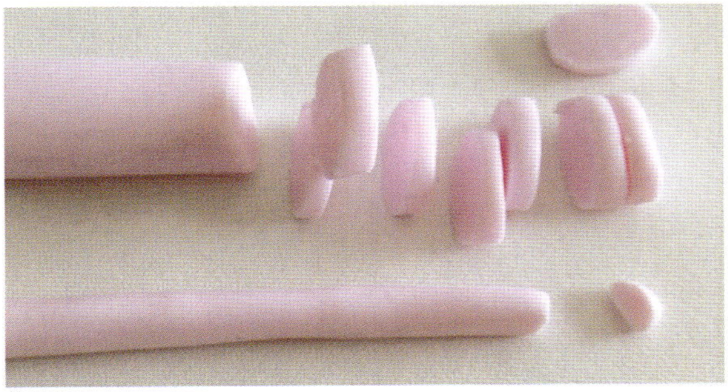

2- Aplatissez légèrement les pétales à l'aide d'un rouleau. Modelez un côté pointu et l'autre arrondi.

3- Pour le cœur, modelez 1 petite boule rose (ou jaune). Placez 4 petits pétales contre la boule. Assemblez les 6 grands pétales pour former une fleur, puis superposez les 4 autres petits pétales en croix. Posez le cœur dans la fleur.

4- Grattez les pastels pour obtenir des pigments. Colorez la base des pétales en rose et le cœur en jaune.

5- Étalez de la pâte verte à l'aide d'un rouleau ou d'une machine à pâte, et réalisez 1 rond à l'emporte-pièce. Modelez les bords, découpez une fente à l'aide d'un cutter de précision, puis tracez des nervures à l'aide d'une aiguille, du centre vers le bord.

6- Posez la fleur sur la feuille. Faites cuire la pièce au four selon les instructions du fabricant. Vernissez-la si vous le souhaitez.

Le collier

Réalisez 1 nénuphar. Préparez 1 attache : pour cela, étalez de la pâte verte, découpez 1 bande et courbez-la pour créer une encoche selon la photo du collier page 37. Faites cuire les pièces selon les instructions du fabricant.

Collez l'attache au dos de la feuille en la décalant légèrement vers le haut. Coupez le lacet en 4 segments égaux, assemblez-les avec le ruban en prenant une de leurs extrémités dans 1 pince-lacet. Enfilez la fleur sur les fils et posez le 2e pince-lacet à l'autre extrémité. Sur les pince-lacets, ajoutez 1 anneau, puis la chaînette d'un côté et le fermoir de l'autre.

Remerciements et bonnes adresses

Je remercie les boutiques suivantes, qui ont sponsorisé cet ouvrage et dans lesquelles vous pourrez retrouver le matériel et les fournitures pour réaliser vos bijoux.

Perles & Co : www.perlesandco.com

Ayla Création : www.ayla-creation.com

Les apprêts de Jadlan : www.alittlemercerie.com/boutique/les_apprets_de_jadlan-893277.html

Dans la même collection, aux éditions de saxe

BLOG 001 - 8,50 €

BLOG 002 - 8,50 €

BLOG 003 - 8,50 €

BLOG 004 - 8,50 €

BLOG 005 - 8,50 €

BLOG 006 - 8,50 €

BLOG 007 - 8,50 €

BLOG 008 - 8,50 €

BLOG 009 - 8,50 €

BLOG 010 - 8,50 €

BLOG 011 - 8,50 €

BLOG 012 - 8,50 €

BLOG 014 - 8,50 €

BLOG 017 - 8,50 €

les éditions de Saxe
13, rue Jules Verne
CS 40205 - 69630 Chaponost
www.edisaxe.com

Créations : : KERROZEN - http://kerrozenn40.canalblog.com
Responsable Éditoriale : Jennifer ROUSSET
Coordinatrice Éditoriale : Agathe BÉON
Responsable Fabrication : Joanna PERRAUDIN
Mise en page : Anne ROULE
Photos : Didier BARBECOT

ISSN : 2266-9507
ISBN : 978-2-7565-2265-4
Imprimé en France - Imprimerie ICA (38)
Dépôt légal : à parution